QUIERO SABER SOBRE

TIBURONES

¿QUÉ tienen en común los tiburones tigre y los tigres?

¿CÓMO ataca un tiburón?

¿DE QUÉ tamaño son los dientes de un tiburón blanco?

Escrito por Irene Trimble
Ilustrado por Mike Maydak
Traducción: Ana Izquierdo/Arlette de Alba

Visítanos en
SequoiaKidsMedia.com
para descargar contenido extra

Visit us at
SequoiaKidsMedia.com
for bonus downloadable content

Photography © Shutterstock 2023 Verock; Komleva; apple2499;
Jennifer Mellon Photos; BW Folsom; Lumena; Choksawatdikorn

Published by Sequoia Kids Media,
an imprint of Sequoia Publishing & Media, LLC

Sequoia Publishing & Media, LLC,
a division of Phoenix International Publications, Inc.

8501 West Higgins Road, Chicago, Illinois 60631
34 Seymour Street, London W1H 7JE
Heimhuder Straße 81, 20148 Hamburg

www.SequoiaKidsMedia.com

Library of Congress Control Number: 2023935265

ISBN: 979-8-7654-0313-6

TIBURONES

CONTENIDO

denticulos dérmicos

escamas

¿QUÉ tienen de especial los tiburones?

El esqueleto de los tiburones está hecho de cartílago blando y flexible, en lugar de hueso duro. (¡La punta de tu nariz también está hecha de cartílago!). En lugar de escamas lisas, los tiburones tienen una piel muy gruesa, cubierta de pequeñas púas llamadas dentículos dérmicos. ¡Usan su fuerte mandíbula y sus numerosas hileras de dientes afiladísimos para morder y desgarrar!

¿POR QUÉ  los tiburones son tan buenos cazadores?

¡Estas características y su enorme apetito hacen del tiburón uno de los peces más feroces! No es sorprendente que estos depredadores naden por los mares y océanos sin temor alguno. Apenas tienen enemigos naturales, aparte de otros tiburones y los humanos.

aleta caudal

aleta dorsal

aleta pectoral

branquias

Tintorera

LOS TIBURONES TIENEN:

- esqueleto cartilaginoso
- piel gruesa con denticulos dérmicos
- mandibula fuerte
- muchas hileras de dientes

¿QUÉ sentidos usan los tiburones?

Los tiburones cuentan con la vista, el olfato, el tacto y el gusto. Su sentido del olfato es excelente. ¡Pueden oler sangre en el agua a 1.6 kilómetros (1 milla) de distancia!

Tiburón de arrecife de punta blanca

Tiburón tigre

¿DE QUÉ otra forma encuentran los tiburones a sus presas?

Además de los sentidos normales, los tiburones tienen unos sensores llamados ampollas de Lorenzini en el hocico. También tienen una serie de pelos sensibles y canales, llamados sistema de línea lateral, en los costados. Estos otros sentidos les ayudan a encontrar presas distantes u ocultas y a orientarse en el mar.

¿CÓMO se preparan los tiburones para atacar?

Un tiburón empieza a buscar a su presa cuando se encuentra a unos 30 metros (100 pies) de distancia. En ese momento, el tiburón rodea lentamente a su víctima. Incluso a veces le da golpecitos para calcular su fuerza. ¡Después el tiburón acelera rápidamente y se lanza al ataque!

Tiburón sedoso

¿CÓMO atacan los tiburones?

¡El ataque comienza cuando el tiburón cierra su fuerte mandíbula sobre la víctima y sacude la cabeza a los lados para arrancar un mordisco! El olor de la sangre puede causar que otros tiburones se unan al ataque. Muerden salvajemente al pez o animal herido. A esto se le llama frenesí alimentario.

¿QUÉ tan lejos viajan las tintoreras?

Muchas especies de tiburones viajan grandes distancias, como las aves migratorias. Las tintoreras quizá sean las que más se desplazan: ¡nadan unos 6,400 kilómetros (4,000 millas) en un año!

Tintorera

TINTORERA

- Longitud: 4 m (12 ft)

- Dieta: peces, calamares y ballenas muertas

- Las tintoreras viven en aguas tropicales cálidas, y siguen las corrientes oceánicas cálidas por todo el mundo.

¿SABÍAS QUE...?

Algunas especies de tiburones ponen huevos, como otros peces.

¿CÓMO nacen las tintoreras?

Como la mayoría de los tiburones, las tintoreras bebés nacen listas para nadar. A los tiburones jóvenes se les llama alevines. ¡Las tintoreras hembras pueden dar a luz a más de 50 alevines a la vez!

¿CÓMO se desplazan los tiburones martillo?

¡Los tiburones martillo nadan en bancos enormes de 150 o más individuos! Tienen una cabeza ancha y plana que reduce la resistencia del agua.

Tiburón martillo

TIBURÓN MARTILLO

- Longitud: de 1 a 5.5 m (3 a 18 ft)
- Dieta: peces y rayas

- Los tiburones martillo cazan en las cálidas aguas costeras de Sudamérica y Hawái.

¿POR QUÉ los tiburones martillo tienen una cabeza tan extraña?

La cabeza en forma de martillo de estos tiburones puede medir hasta 1 metro (3 pies) de ancho, y tiene un ojo en cada extremo. ¡Imagina tener los ojos tan separados! Mientras nadan, los tiburones martillo sacuden la cabeza hacia los lados. Con sus ojos tan distantes, este movimiento les ayuda a tener una visión más amplia de lo que los rodea.

¿QUÉ comen los tiburones tigre?

Los tiburones tigre se alimentan de casi todos los peces y mamíferos marinos. ¡De hecho, pueden morder casi cualquier cosa! Se han encontrado placas de coches, rollos de impermeabilizante, latas y otras cosas no digeribles en sus estómagos.

Tiburón tigre

TIBURÓN TIGRE

- Longitud: hasta 5.5 m (18 ft)

- Dieta: peces, tortugas marinas, focas y casi cualquier otra cosa

- Los tiburones tigre viven en el océano Pacífico y en el Índico.

¿SABÍAS QUE...?

Los tiburones tigre tienen dientes curvos con muescas afiladas, como los cuchillos para carne.

¿QUÉ tienen en común los tiburones tigre y los tigres?

¡Los tiburones tigre no son parientes de los tigres! Pero tienen rayas, como las de los tigres. Las rayas de los tiburones tigre se vuelven más tenues conforme crecen.

¿QUÉ tiburón tiene la cola más larga?

Los tiburones zorro son los que tienen la cola más larga. ¡Abarca hasta la mitad de la longitud total de su cuerpo!

TIBURÓN ZORRO

- Longitud: hasta 6 m (20 ft)
- Dieta: peces
- Los tiburones zorro viven en aguas costeras cálidas de todo el mundo.

¿SABÍAS QUE...?

Los tiburones zorro no son peligrosos para las personas, ¡a menos que te den un coletazo sin querer!

Tiburón zorro

¿CÓMO cazan los tiburones zorro?

Estos tiburones nadan muy rápido. Usan su larga cola para golpear bancos de peces pequeños ¡y después se comen a los peces aturdidos que no pueden escapar nadando!

¿CUÁL es el tiburón más grande?

El tiburón ballena es el tiburón más grande del mundo. ¡Estos gigantes con manchas blancas llegan a ser más largos que un autobús escolar! Los tiburones ballena se alimentan en la superficie del agua y nadan tan despacio que a veces los botes chocan con ellos. ¡Son tan tranquilos que los buzos pueden sujetarse a su espalda para un viaje gratis!

Tiburón ballena

TIBURÓN BALLENA

- Longitud: hasta 15 m (50 ft)
- Dieta: plancton
- Los tiburones ballena viven en aguas costeras cálidas en todo el mundo.

¿QUÉ comen los tiburones ballena?

Se alimentan de diminutas plantas y animales, llamados plancton, que flotan por el mar. Los tiburones ballena tienen más de 4,000 dientes, pero cada diente mide unos 3 milímetros (1/8 de pulgada) de largo.

¿POR QUÉ son tan peligrosos los tiburones sarda?

Los tiburones sarda suponen un riesgo para los humanos porque son muy agresivos. ¡Viven en todos los océanos, y se sabe que se han internado cientos de kilómetros o millas en ríos y lagos de agua dulce!

Tiburón sarda

TIBURÓN SARDA

- Longitud: hasta 3.5 m (11 ft)
- Dieta: peces... y casi cualquier otra cosa
- Los tiburones sarda viven en aguas costeras cálidas de todo el mundo y en algunos ríos de agua dulce.

¿DÓNDE se han encontrado tiburones sarda?

¡Se han encontrado tiburones sarda en el río Amazonas de Sudamérica, en el río Ganges de la India y en el río Misisipi de Estados Unidos!

¿QUÉ tienen de especial los tiburones blancos?

Los tiburones blancos son los peces depredadores más grandes del mar. Esto quiere decir que son más grandes que cualquier otro pez (incluidos otros tiburones) que coma mamíferos, reptiles o peces. ¡Su grueso cuerpo con forma de torpedo puede llegar a pesar entre 2 y 4.5 toneladas (2.2 y 5 toneladas cortas)!

Tiburón blanco

TIBURÓN BLANCO

- Longitud: hasta 6 m (20 ft)
- Dieta: focas, leones marinos y peces grandes
- Vive en los mares de todo el mundo, y especialmente en la Gran Barrera de Coral australiana.

¿POR QUÉ son tan difíciles de estudiar los tiburones blancos?

Estos tiburones deben nadar constantemente para mantener el flujo del agua rica en oxígeno a través de sus branquias. También cazan solos. Nadando casi sin parar a unos 3 kilómetros (2 millas) por hora pueden cubrir grandes distancias. Por eso son más difíciles de rastrear que un banco grande de peces nadando en un área pequeña.

¿SABÍAS QUE...?

Los dientes triangulares del tiburón blanco miden 5 centímetros (2 pulgadas) de largo, ¡y su poderosa mandíbula posee muchas hileras de dientes!

¿POR QUÉ existen tantos tipos de tiburones?

Durante millones de años los tiburones han aprendido a vivir en muchos ambientes submarinos diferentes, desarrollando características distintas. Hoy en día estos silenciosos y misteriosos depredadores tienen muchas formas y tamaños, y prosperan en casi todos los mares y océanos del planeta.